NOTICE NÉCROLOGIQUE

M. ADOLPHE VEYTARD,

MEMBRE TITULAIRE,

Lue à la Société le 27 mai 1851, à l'occasion de l'Anniversaire de son Décès,

PAR M. ÉDOUARD MAGNIEN.

————

MESSIEURS,

D'ANCIENS amis de votre défunt collègue, M. Veytard, m'ayant exprimé le désir d'entendre ajouter quelques détails biographiques à ceux consacrés précédemment à sa mémoire par notre honorable Secrétaire, j'ai pensé que l'époque d'un premier anniversaire m'offrait l'occasion de répondre à ce vœu bienveillant; et quoique « les longues herbes de l'oubli, comme dit le poëte, croissent promptement dans le champ de la mort », je ne crains pas de vous sembler trop attardé, même au bout d'une année, pour ramener un instant vos pensées sur celui que vous honorâtes si souvent des témoignages de votre estime de votre affectueuse confraternité.

Louis-Joseph-Adolphe Veytard, né d'une ancienne

et recommandable famille, le **28** août **1795**, à Yerres (Seine-et-Oise), sortit en **1811** du Lycée Napoléon pour rejoindre à Turin, son père, qui, après avoir exercé long-temps les fonctions d'administrateur des Hospices civils de Paris, avait été nommé, par décret de l'Empereur, liquidateur-général de la dette publique du Piémont, mission dans laquelle sa capacité et sa haute probité recueillirent d'éclatants éloges publics.

Adolphe Veytard, malgré son extrême jeunesse, venait d'être lui-même désigné pour un emploi important à Gènes en **1814**, lorsque nous dûmes évacuer nos départements au-delà des Alpes. De retour dans son pays, il devint secrétaire-particulier du préfet de la Somme; puis, employé au ministère de l'Intérieur. A cette époque, il s'occupa sérieusement d'un projet d'excursion en Grèce dans un but scientifique, et pour lequel il voulut ajouter à ses fortes connaissances dans le grec classique celle de l'idiome des modernes Hellénes, qui lui devint alors des plus familiers (1). Mais l'une de ces péripéties politiques, qui, chez nous, changent si fréquemment la face des choses et la position des personnes, retint le jeune voyageur en France! Après les Cent-Jours, il entrait aux Gardes-du-Corps, compagnie du duc d'Havré, lequel se l'attacha intimement en mémoire d'une ancienne liaison avec sa famille; plus tard aux Fourriers-des-Logis sous Charles X; et à la nouvelle révolution de **1830**, il quittait la Maison-du-Roi avec le grade de capitaine de cavalerie, pour se fixer définitivement à Versailles où il s'était marié depuis peu.

(1) Je l'ai entendu converser couramment avec son professeur, le savant Minoïde Minas, d'Athènes, et le prince Démétrius Ypsilanti.

C'est à la suite des évènements de Juillet que se manifesta dans cette ville le mouvement intellectuel qui eut pour résultat la fondation successive de nos Sociétés des Sciences naturelles et morales, et le brillant essor de tant d'éléments épars, bientôt fécondés par l'heureux esprit d'association. On conçoit que chez M. Veytard, dont la solide instruction et les goûts studieux s'étaient fort développés dans les loisirs d'une longue paix, ces institutions durent rencontrer une vive sympathie ; aussi le vit-on concourir avec ardeur à leur établissement : son nom figure parmi les titulaires de l'une et de l'autre, et en première ligne de ceux dont le zèle ne s'est jamais ralenti. Démissionnaire de la Société des Sciences morales depuis plusieurs années, après une active coopération, pour se livrer plus entièrement aux spécialités de l'autre Société, objet de sa prédilection marquée, c'est dans cette dernière qu'il s'est acquis ses meilleurs titres et, pour ainsi parler, ses véritables états de services. Voici d'ailleurs, et sommairement toutefois, en quoi consiste sa part contributive dans vos travaux : un très grand nombre de communications, tant par séries que détachées; une suite de leçons sur les généralités de la Géologie; ses procès-verbaux des séances de plusieurs années, fort détaillés, fort substantiels ; son Rapport imprimé, de deux cents pages, sur les travaux de la Société, du 1.er août 1835 au 1.er octobre 1841, analysant plus de mille leçons, rapports, etc.; sa participation comme l'un des aides au cours si magistral de Chimie par M. Colin; son concours dans l'organisation de la plupart des Sections; ses soins assidus et presque journaliers aux diverses collections, et quelques dons personnels ; enfin, l'année de sa présidence, remarqua-

ble par le plus entier dévouement à la science, une
activité extraordinaire communiquée aux réunions,
la stimulation incessante de chacun et le nombre considérable des admissions nouvelles, comme aussi par
les relations fructueuses ouvertes avec plusieurs sa-
vants de Paris et le Muséum d'histoire naturelle. A
tous ces égards, l'année scolaire 1849-50 semble mé-
riter une mention particulière dans les annales de la
propagande scientifique à Versailles.

M. Veytard, outre qu'il avait beaucoup lu et beaucoup retenu, doué qu'il était de la *memoria œrea*, a encore énormément écrit. Indépendamment des traces fré-
quentes de sa plume sur les registres de nos Sociétés,
il a laissé une véritable masse de notes, de fragments
sur les sujets les plus divers tant dans les Sciences que
dans les Lettres, et dont la valeur intrinsèque est plus
que doublée par une concision qui, sous sa plume, est
loin de nuire à la clarté ; de nombreux essais cosmolo-
giques, ethnologiques et zoologiques ; des cours de
Chimie, de Géologie, d'Arithmétique et de Géométrie
élémentaire ; un traité de Géographie générale par
versants ; une Description volumineuse de l'Afrique,
dont l'avait chargé M Huot ; des lettres fort étendues
sur l'Histoire, où il remonte principalement aux origi-
nes ; enfin, un ouvrage important sur Moïse, à l'occasion duquel il se livra long-temps à l'étude de la lan-
gue hébraïque.

Je remarquais, et ses collègues auront sans doute
observé dans les dernières années de son existence, l'a-
vancement de jour en jour plus rapide de M. Veytard
dans le domaine infini de la science ; car il était de ceux
pour qui une classe nouvelle de connaissances appelle
et amène avec elle une autre classe, grâce à ce lien

mystérieux qui unit toutes les parties de l'intelligence
et à cette tendance des esprits vers l'unité scientifique.
Mais pour une pareille moisson, que de labeurs, que de
veilles, quel emploi parcimonieux et calculé du temps!
Et cependant, pas une omission, jamais un retard
dans l'accomplissement d'un seul de ses devoirs ; devoirs de religion, de famille (1), de société, de charité, de son intarissable charité sur-tout, dont le sou-
venir se conservera longtemps chez ses dignes émules
dans les œuvres si nombreuses de la bienfaisance à Versailles, et non moins sans doute chez tant d'obscurs af-
fligés, dont son ardente philanthropie s'ingéniait à découvrir et alléger les misères ignorées, les douleurs in-
nommées. Pour ne citer qu'un seul trait, mais suffisant
à peindre l'homme, la dernière de ses découvertes en
ce genre fut celle d'une malheureuse vieille femme
abandonnée, grabataire et paralytique, au chevet de
laquelle il allait verser périodiquement, outre l'aumône, mieux encore que l'aumône, le baume d'une lecture religieuse et d'un entretien consolant. On pourrait multiplier ici d'autres faits semblables qui, chez
lui, avaient comme un reflet de l'apostolat, si le soin
extrême qu'il prit de les cacher durant sa vie ne con-
tenait un avertissement d'observer cette réserve après
sa mort. Et pourtant quoi de plus utile à publier pour
l'exemple, quoi de plus profitable pour l'enseignement
du bien ?

Un an déjà passé, les paroles éloquentes et sympa-
thiques d'une voix émue devant sa tombe prématuré-
ment ouverte, révélèrent le rare assemblage de ses qua-
lités solides et brillantes à ceux de ses concitoyens

(1) Entre autres l'éducation de ses filles, pour lesquelles il avait
composé la plupart de ses cours et traités.

auxquels sa modeste popularité n'était point parvenue ; mais, ce jour-là, mais à cette heure de la séparation suprême, sa plus belle oraison funèbre fut dans les sanglots d'un jeune orphelin au bord de la fosse, dans le cri d'adieu poignant d'une indigente « au père des pauvres. »

Louis-Joseph-Adolphe Veytard devait mourir comme il avait vécu ; on lit sur sa pierre :

A SUIS, QUORUM DECUS ET AMOR,
A MISERIS, QUORUM SOLAMEN ET COLUMEN,
MERITISSIMÒ DEFLETUS,
OBDORMIVIT IN FIDE CHRISTI.

Ce 12 Mai 1854.

E. M.

RÉCIT

DE

LA GRANDE OPÉRATION

FAITE AU ROI LOUIS XIV,

EN 1686,

Lu à la Société le 4 Novembre 1851,

PAR J.-A. LE ROI,

PRÉSIDENT DE LA SOCIÉTÉ.

DANS l'étude des sciences, comme dans la conduite ordinaire de la vie, l'homme a quelquefois besoin de jeter un coup-d'œil en arrière, afin de savoir d'où il vient et où il va ; et c'est souvent une étude instructive et toujours intéressante que celle des phases diverses parcourues par une invention humaine avant d'arriver à son dernier degré de perfection. C'est dans cette pensée que je viens un instant appeler votre attention sur un sujet qui doit avoir pour nous un double intérêt, puisqu'il s'agit d'une opération chirurgicale qui mit en renom un procédé peu suivi jusqu'alors, et que c'est à Versailles que cette opération fut pratiquée, par l'un des premiers chirurgiens du XVII.ᵉ siècle, et sur le plus grand personnage de cette époque, sur Louis XIV.

C'est en effet de la *grande opération*, comme on disait alors, ou de l'opération *de la fistule à l'anus* faite au grand roi, en 1686, que je viens vous entretenir.

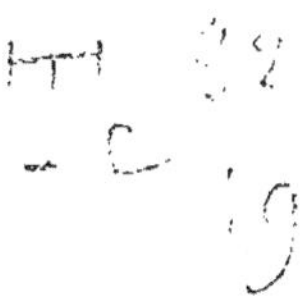

Quatre méthodes étaient employées par les anciens pour la guérison de la fistule à l'anus : la cautérisation, la ligature, l'excision ou extirpation, et l'incision.

La cautérisation a été sur-tout préconisée par Hippocrate. Il la décrit et n'oublie aucun des détails nécessaires à sa réussite : « Prenez, dit-il, une tente de linge imbibée de suc de grande tithymale saupoudrée de vert-de-gris, et d'une longueur égale à celle du trajet fistuleux ; que cette tente y soit portée à l'aide d'une sonde à laquelle on l'attachera par un fil, et qu'on retirera par l'anus, après l'avoir engagée dans l'orifice externe de la fistule. Cela fait, on frottera les bords du fondement avec de la terre cimolée, et on y mettra un suppositoire de corne. Cet instrument doit rester à demeure dans le rectum jusqu'au cinquième jour. Si le malade est pressé du besoin d'aller à la garde-robe, on l'ôtera pour le remettre sur-le-champ. Le sixième jour, on retirera le suppositoire et la tente de linge, et on placera dans le fondement un autre suppositoire d'alun cru, etc. »

Malgré l'espèce de prédilection qu'Hippocrate donnait ce moyen, il paraît avoir été peu suivi.

Une méthode qui n'est pas moins ancienne que celle du caustique, et qui semble avoir été beaucoup plus généralement suivie, est celle de la ligature ou *apolinose*. On la trouve indiquée dans les écrits d'Hippocrate, mais elle est sur-tout exactement décrite par Celse. « Il faut, dit-il, commencer par introduire une sonde dans la fistule jusqu'au lieu où elle finit. On fera en cet endroit une incision à la peau pour qu'on puisse tirer la pointe de cet instrument, dont l'autre extrémité aura été garnie d'un fil de lin passé à travers une ouverture pratiquée exprès. On prendra les deux bouts de ce fil, et on les nouera d'une manière lâche, afin qu'ils ne serrent pas la peau qui est au-dessus de la fistule. Cependant le malade pourra vaquer à ses affaires, se promener, aller aux bains, prendre de la nourriture, comme s'il était dans la plus parfaite santé. Il suffit de délier le fil deux fois le jour, et de le tirer de façon que la partie qui était au-dehors entre dans la fistule. De peur qu'il ne pourrisse, on le changera tous les trois jours en fixant un cordon nouveau à l'ancien, par un nœud. Le second entrera dans la fistule, et le premier en sera tiré. De cette manière, la peau se trouve coupée peu à peu, et le côté sur lequel porte le fil est détruit, pendant que celui qui lui est opposé se guérit. Cette cure est longue, mais elle est sans douleur. Ceux qui veulent qu'elle dure moins long-temps doivent serrer le fil avec plus de force, afin que la peau soit plus promptement coupée. Il faut même, qu'à l'aide d'un pinceau, ils portent le soir quelque médicament dans l'intérieur de la fistule, pour que les parties amollies cèdent plus aisément à l'action de la ligature. On abrége encore le traitement, mais on augmente en même temps la douleur, si on enduit le fil avec quelque médicament propre à consumer les callosités, etc. »

La méthode la plus généralement admise des anciens fut la méthode de l'incision, qu'on trouve également recommandée par Hippocrate, Galien, Celse et Paul d'Egine. Voici comment ils procédaient à cette opération. Le malade était couché à la renverse, les jambes écartées et les cuisses fléchies sur le ventre. Lorsque la fistule était superficielle, on y introduisait la pointe d'un bistouri, ou une espèce particulière de stylet, sur lequel on conduisait l'instrument tranchant,

et on incisait la peau qui couvrait le sinus fistuleux.
Lorsqu'elle était profonde, le bistouri n'était porté
qu'après avoir introduit le doigt dans le rectum, afin
de détourner la pointe de cet instrument et de le
pouvoir ramener hors de l'anus; après quoi on coupait
sans crainte les parties qui se trouvent entre les deux
orifices de la fistule.

Un des points sur lequel je dois appeler votre attention, car il nous servira à expliquer un des temps les
plus importants et les plus douloureux de l'opération
que l'on fit subir à Louis XIV, c'est la haute importance que les anciens attachaient à la destruction des
callosités du trajet fistuleux, pour obtenir la réussite
de l'opération. A cet effet, Hippocrate et Celse conseil-
lent d'appliquer des caustiques sur la plaie faite par
l'instrument, et Paul d'Egine, qui repousse les caustiques comme pouvant amener des accidents, recom-
mande d'extirper les callosités avec le bistouri ou avec
les ciseaux.

Ces callosités furent long-temps considérées comme
la cause, non-seulement des fistules à l'anus, mais encore de toutes les fistules en général ; et comme l'on
s'aperçut qu'on perdait beaucoup de temps et qu'on
causait de vives douleurs en les consumant par le caustique ou en les extirpant avec le bistouri, on conçut
l'idée de ne plus se borner à fendre la fistule, mais de
l'enlever de suite avec les parties avoisinantes, afin de
produire une plaie plate et nette dont rien n'entravât
plus la cicatrisation. De là, la méthode de l'extirpation.
Voici en quoi elle consistait : on introduisait dans le
trajet fistuleux une sonde flexible qu'on faisait ressor-
tir par l'anus; après avoir replié les deux extrémités
de cette sonde, on les tirait à soi de la main gauche,

et, pratiquant de chaque côté une incision avec le bistouri, on enlevait ainsi une pièce triangulaire qui ren-
fermait la fistule elle-même et ses deux orifices. Celse
est le premier des anciens qui en ait fait mention ; remise en honneur dans le siècle dernier, cette opération cruelle est aujourd'hui abandonnée avec juste raison ; car, appuyée sur un faux principe, elle avait encore l'inconvénient d'exposer à des hémorrhagies re-
doutables, de causer des douleurs violentes, et, après la
guérison, de déterminer, par suite de la perte de substance éprouvée par les sphincters, chez quelques-uns,
une incontinence des matières fécales, et, chez d'autres, un rétrécissement de l'anus tellement considérable
que ces matières ne pouvaient être expulsées qu'avec
beaucoup d'efforts et de douleur.

De ces diverses méthodes, la ligature fut presque la
seule employée pendant tout le moyen-âge. L'éloigne-
ment pour toute opération sanglante, résultat des idées
chrétiennes, en fut en grande partie la cause. Mais, à
l'époque de la renaissance, époque où les auteurs grecs
et latins reçurent une sorte de culte, les médecins, qui
ne juraient plus que par Hippocrate et Galien, remi-
rent en honneur les diverses opérations chirurgicales
pratiquées par les anciens.

Cependant, malgré ce retour aux idées des anciens,
qu'on pouvait alors regarder comme des idées nouvelles, la ligature fut, de tous les modes opératoires pré-
conisés pour la guérison de la fistule à l'anus, le seul
qui fût suivi ; soit que les chirurgiens regardassent
cette méthode comme plus facile, soit que les malades
préférassent une opération longue, il est vrai, mais
sans grande douleur, à une opération sanglante, que
l'on considérait alors comme fort grave et que le pro-

cédé suivi pour opérer rendait très douloureuse. C'est ce qu'il faut supposer lorsque l'on voit un chirurgien comme *Ambroise Paré* préférer la ligature dans la plupart des cas, et ne conseiller l'incision que dans celui de fistule *superficielle*.

Tel était, à peu près, l'état de la science sur cette question, lorsque, le 18 novembre 1686, Versailles apprit avec surprise et effroi que le roi Louis XIV venait de subir *la grande opération*. C'est qu'en effet, depuis près d'une année déjà, le roi était atteint de la fistule à l'anus.

Le 5 février 1686, il fut obligé de prendre le lit à la suite de vives douleurs dont il souffrait depuis plusieurs jours ; l'on s'aperçut alors qu'il s'était formé un abcès à la marge de l'anus. *Félix de Tassy*, son premier chirurgien, l'un des hommes les plus instruits de cette époque, en proposa immédiatement l'ouverture ; mais, ainsi que le remarque Dionis, *on ne trouve pas toujours dans les grands cette déférence nécessaire pour obtenir la guérison :* mille gens proposèrent des remèdes qu'ils disaient infaillibles, et l'on préféra à la lancette du chirurgien un emplâtre fait par une grande dame de la cour, *Madame de la Daubière*. L'inventeur du remède assista elle-même à la pose de son emplâtre, qui, probablement, ne pouvait avoir d'effet que sous ses yeux. Tel infaillible que fût cet emplâtre, on l'ôta cinq jours après son application, n'ayant eu d'autre résultat que d'augmenter les souffrances du roi. Enfin, le 23, c'est-à-dire plus de vingt jours après l'apparition de la tumeur, on se décida à donner issue au pus ; mais, malgré l'avis de Félix, qui voulait employer le bistouri, et pour ménager le royal malade, auquel on craignait de faire subir une opération sanglante, on eut recours, pour l'ouverture de l'abcès, à l'application de la *pierre à cautère.* « Ce matin, à dix heures, *dit Dangeau dans son journal,* on appliqua au roi la pierre à cautère sur la tumeur; on l'y laissa une heure et demie, et puis on ouvrit la peau avec le ciseau; mais on ne toucha point au vif. » C'est-à-dire qu'on se contenta de fendre l'escarrhe, et lorsque celle-ci tomba, il se forma, comme le dit Dionis, un petit trou par où la matière s'écoula, et qui continua à suppurer. Bientôt on constata la présence d'une fistule communiquant dans l'intérieur de l'intestin.

En pareille occurrence, et pour débarrasser le roi de cette dégoûtante infirmité, il ne restait plus qu'à pratiquer l'opération. Mais il n'en est pas des rois comme des simples particuliers, et, avant de pouvoir leur faire entendre les paroles graves et réfléchies de la science, il faut préalablement que le médecin s'attende à voir défiler avant lui tout le cortége des empressés plus ou moins ignorants, flanqués chacun de leurs remèdes *infaillibles,* sans compter encore le charlatanisme, qui sait si bien exploiter la tête et la queue de la société. C'est ce qui arriva pour Louis XIV.

Dès que l'on sut le roi atteint de la fistule, il y eut encore un bien plus grand nombre de remèdes proposés que quand il s'était agi d'une simple tumeur.

Cependant *Louvois,* qui était alors le principal ministre et qui avait en quelque sorte la responsabilité de la vie du roi, ne voulut permettre l'usage d'aucun de ces remèdes avant qu'il eût été préalablement expérimenté.

Parmi tous ces moyens, celui qui fut sur-tout préconisé et que le roi paraissait assez décidé à essayer, était l'emploi des eaux de Baréges. Mais avant que

Louis XIV partit pour ces eaux, comme le bruit en avait couru, on jugea convenable d'en constater les effets. On chercha quatre personnes ayant la même maladie que le roi et on les envoya à Barèges à sès dépens, sous la conduite de *Gervais*, chirurgien de l'hôpital de la Charité, l'un des hommes les plus instruits de Paris, qui s'était acquis sur-tout une très grande réputation pour la guérison des tumeurs. Ces quatre malades furent soumis par lui à l'action des eaux sous toutes les formes, en bains, à l'intérieur, et sur-tout en injections répétées dans le trajet fistuleux. Ce traitement dura fort long-temps et ne fut suivi d'aucune espéce d'amélioration ; en sorte qu'ils revinrent *tout aussi avancés dans leur guérison que quand ils étaient partis* (1).

Une dame de la cour ayant raconté, qu'allée aux eaux de Bourbon pour une maladie particulière, elle s'était trouvée guérie par leur usage, d'une fistule qu'elle avait avant, on envoya à Bourbon l'un des chirurgiens du roi, avec quatre autres malades, qui furent soumis aux mêmes expériences que ceux qui étaient allés à Barèges, et qui en revinrent comme eux sans changement dans leur état.

Mais l'essai des remèdes ne devait point s'arrêter là. Un religieux Jacobin vint trouver Louvois et lui apporta une eau avec laquelle il guérissait, disait-il, toutes sortes de fistules. Un autre annonçait posséder un onguent qui n'en manquait aucune. D'autres proposaient aussi des remèdes avec lesquels ils avaient obtenu des cures merveilleuses. Le ministre, un peu embarrassé de toutes ces propositions, ne voulut cepen-

(1) Dionis.

dant en rejeter aucune avant que l'expérience n'eût démontré son inefficacité. Pour juger en quelque sorte par lui-même de leur valeur, il fit meubler plusieurs chambres à la surintendance (1), qu'il habitait, pour recevoir tous les malades atteints de fistule qui voulaient se soumettre à ces différents moyens, et il les fit traiter en présence de Félix, par ceux qui se vantaient de les pouvoir guérir.

Tous ces essais durèrent un temps fort long, sans aboutir à aucun résultat.

Louvois et Félix rendaient compte à Louis XIV des tentatives inutiles qu'ils faisaient chaque jour pour trouver un remède qui pût lui éviter l'opération, sur laquelle le premier chirurgien insistait de plus en plus. Mais avant de s'y décider, le roi voulut encore avoir l'avis de Bessières, chirurgien en renom de Paris. Bessières examina le mal, puis Louis XIV lui ayant demandé ce qu'il en pensait, il lui répondit librement *que tous les remèdes du monde n'y feraient rien sans l'opération* (2). Le roi n'hésita plus et l'opération fut décidée.

Mais quelle méthode devait-on employer?

Il y avait alors à Paris un nommé *Lemoyne*, qui s'était acquis une grande réputation pour la guérison des fistules. Voici ce qu'en dit Dionis : « Sa méthode consistait dans l'usage du caustique, c'est-à-dire qu'avec un onguent corrosif, dont il couvrait une petite tente qu'il fourrait dans l'ouverture de l'ulcère, il en consumait peu à peu la circonférence, ayant soin de grossir tous les jours la tente, de manière qu'à force d'agran-

---

(1) Dans le bâtiment en face de la Bibliothèque de la Ville.
(2) Dionis.

dir la fistule, il en découvrait le fonds. S'il y avait de
la callosité, il la rongeait avec son onguent qui lui ser-
vait aussi à ruiner les clapiers, et enfin, avec de la pa-
tience, il en guérissait beaucoup. Cet homme est mort
vieux et riche, parce qu'il se faisait bien payer, en quoi
il avait raison, car le public n'estime les choses qu'autant qu'elles coûtent. Ceux à qui le ciseau faisait horreur se mettaient entre ses mains, et comme le nombre
des poltrons est fort grand, il ne manquait point de
pratiques. » Ainsi Lemoyne avait remis en honneur la
cautérisation. — La ligature était le mode d'opérer le
plus généralement suivi. Puis restait l'incision que
Félix proposait au roi. Mais avant de se déterminer à
suivre l'avis de son premier chirurgien, Louis XIV
voulut qu'il lui expliquât la préférence qu'il donnait à
cette méthode sur les autres. Félix fut alors obligé de
décrire au roi les trois procédés ; puis il lui fit remar-
quer, nous raconte Dionis, que le caustique fait une
douleur continuelle pendant cinq ou six semaines qu'on
est obligé de s'en servir ; que la ligature ne coupe les
chairs qu'après un long espace de temps, et qu'il ne
faut pas manquer de la serrer tous les jours, ce qui ne
se fait pas sans douleur ; que l'incision cause à la vérité
une douleur plus vive, mais qu'elle est de si peu de
durée qu'elle ne doit point alarmer une personne
qui veut guérir sans crainte de retour ; car outre
qu'elle achève en une minute ce que les deux autres manières n'opèrent qu'en un mois, c'est que
par celles-ci la guérison est douteuse et qu'elle est
sûre par l'incision. — Ces raisons, appuyées par Daquin, Fagon et Bessières qui assistaient à la consulta-
tion déterminèrent le roi, qui se décida pour l'incision.

C'était une grave résolution qu'avait prise Félix ,

car l'opération par l'instrument tranchant paraissait alors si terrible, que chacun tremblait de la subir, et qu'elle avait reçu le nom de *grande opération.*

Mais Félix n'était point un chirurgien ordinaire. Fils de François-Félix de Tassy, homme d'un grand talent, et aussi premier chirurgien du même prince, il fut l'élève de son père, qui, le destinant à le remplacer auprès du monarque, ne négligea aucun des moyens qui pouvaient le rendre digne d'occuper un emploi aussi important. Exerçant sa profession dans les hôpitaux civils, puis dans ceux des armées, il fut, fort jeune encore, compté parmi les plus habiles chirurgiens de son temps ; ses confrères le nommèrent chef du collége de Saint-Côme, qui devint ensuite l'académie de chirurgie ; puis il succéda à son père dans la charge de premier chirurgien du roi, en 1676.

Dès que Félix se fut assuré de la maladie du roi, il le rassura sur sa vie et promit de le délivrer de son horrible incommodité. Ce grand chirurgien n'avait jamais fait l'opération qu'il méditait, mais il avait lu tout ce que les auteurs anciens avaient écrit sur la maladie dont le roi était attaqué. Il se traça alors un plan d'opération, et tandis que le temps s'écoulait en essais de remèdes qui n'avaient aucun résultat, Félix occupait le sien d'une manière profitable à ses desseins. Pendant plusieurs mois tous les malades atteints de la maladie du roi, qui se trouvaient dans les hôpitaux de Paris ou à la Charité de Versailles, furent opérés par lui, et lorsque Louis XIV fut enfin décidé, il avait acquis l'expérience d'un chirurgien consommé dans cette partie de l'art opératoire.

Pour faire l'incision de la fistule, Galien avait inventé un instrument d'une forme particulière, auquel il avait donné le nom de syringotome, du nom même de la fistule — (*Syrinx,* Flute). C'était un bistouri en forme de croissant, à manche contourné et dont la pointe était terminée par un stylet long, pointu et flexible. On introduisait la pointe dans l'ouverture extérieure de la fistule et on poussait le stylet jusque dans l'intestin; le doigt indicateur de la main gauche, placé dans le rectum, ramenait la pointe par l'anus, puis la lame du bistouri, poussée dans la fistule, achevait l'incision. Félix fit subir à l'instrument de Galien un notable changement. Il fit faire un simple bistouri courbe, à lame très étroite, terminée, comme le syringotome, par un stylet, mais en argent recuit, et long de plusieurs pouces. Le tranchant de la lame était recouvert d'une chape d'argent faite exprès pour être introduite dans la fistule, sans blesser les parties. Cet instrument ainsi disposé, on poussait le stylet dans la fistule et on le ramenait par le fondement; puis le bistouri étant entré après le stylet, on retirait doucement la chape qui enveloppait le tranchant, et tenant d'une main le bout du stylet et de l'autre le manche du bistouri, en tirant à soi on tranchait tout d'un coup toute la fistule.

Cet instrument dont Félix se servit pour le roi, reçut depuis ce moment le nom de *bistouri à la royale.*

Ce fut le 18 novembre 1686 qu'eut lieu l'opération.

Qu'on me pardonne les détails, peut-être un peu minutieux, dans lesquels je vais entrer; mais, outre qu'il s'agit d'une opération qui, par son retentissement et son succès, changea toutes les idées reçues à cette époque, il s'agit encore d'un fait historique que, comme Versaillais, nous aimons à suivre *sur place* dans ses plus petits incidents.

Le roi était à Fontainebleau lorsque l'opération fut arrêtée. Afin de s'y préparer et en même temps pour ôter tout soupçon de ce qui allait se passer, deux médecines lui furent administrées dans ce séjour. Arrivé à Versailles le vendredi 15 novembre, rien ne décéla en lui la grave détermination qu'il avait prise. Le dimanche 17, veille de l'opération, il monta à cheval, alla visiter ses jardins, ses réservoirs et les nombreux travaux qui étaient en cours d'exécution, et parut fort tranquille et fort gai pendant tout le cours de la promenade 1).

La chambre à coucher de Louis XIV, dans laquelle il fut opéré, n'était point celle connue aujourd'hui sous ce nom : elle était située dans la pièce qui précède celle-ci et qui porte actuellement le nom si célèbre de salon de l'OEil-de-Bœuf. Ce salon de l'OEil-de-Bœuf était alors coupé en deux : la pièce la plus rapprochée de la chambre à coucher actuelle était la chambre du roi, et l'autre pièce était un cabinet qui, à cause des tableaux du Bassan qui l'ornaient, portait le nom de cabinet des Bassans.

Le lundi 18 novembre, de grand matin, tout se préparait dans le cabinet des Bassans pour *la grande opération*. Vers cinq heures, les apothicaires entrèrent chez le roi et lui administrèrent le lavement préparatoire. Un peu avant sept heures, Louvois alla prendre chez elle Madame de Maintenon; ils entrèrent ensemble chez le roi, auprès duquel se trouvait déjà le Père de la Chaise, son confesseur. Félix, Daquin, premier médecin du roi, Fagon, qui le devint quelques années après, Bessières, les quatre apothicaires du roi, et Laraye, *élève* de Félix, mais que l'on appelait alors son

____

(1) DANGEAU.

garçon, étaient réunis dans le cabinet des Bassans pour préparer tout ce qui devait servir à l'opération.

A sept heures, ils entrèrent dans la chambre du roi. Louis XIV ne parut nullement ému de leur présence; il fit approcher Félix, lui demanda l'usage de chacun des instruments et des diverses pièces de l'appareil, puis s'abandonna avec confiance à son talent.

Le roi fut placé sur le bord de son lit, un traversin sous le ventre pour élever les fesses, qui étaient tournées du côté de la fenêtre, les cuisses écartées et assujetties par deux des apothicaires.

Voici comment procéda l'opérateur. Une petite incision, faite avec la pointe d'un instrument ordinaire, fut d'abord pratiquée à l'orifice externe de la fistule, afin de l'agrandir et de pouvoir plus facilement y introduire le bistouri à la royale. L'incision fut ensuite pratiquée avec cet instrument, à l'aide de la manœuvre déjà indiquée. Une fois le trajet fistulaire mis à découvert, il s'agissait de détruire les callosités qui, suivant les idées du temps, auraient empêché la réussite de l'opération : huit coups de ciseaux enlevèrent toutes les callosités que Félix rencontra sous son doigt. Cette partie si douloureuse de l'opération fut supportée avec beaucoup de courage par Louis XIV : pas un cri, pas un mot ne lui échappa.

L'opération terminée, on introduisit dans l'anus une grosse tente de charpie recouverte d'un liniment composé d'huile et de jaune d'œuf. On la fit entrer avec force, afin d'écarter les lèvres de la plaie; on garnit ensuite la plaie de plumasseaux, enduits du même liniment, et on appliqua les compresses et le bandage comme on le fait à présent.

Rien ne saurait dire l'étonnement dans lequel fut

toute la cour lorsque l'on apprit que le roi venait de subir une opération que chacun regardait comme si dangereuse. Le récit que fait de cet événement le *Mercure Galant,* qui était le journal officiel de la cour, fera mieux comprendre que je ne pourrais le dire l'effet produit par cette nouvelle inattendue. — « Quoique le roi, dit-il, fût dans une santé parfaite, à la réserve de l'incommodité qui lui était survenue il y a en-viron onze mois, et qu'il fût même en état de mon-ter à cheval et de chasser, comme il faisait très souvent, S. M., qui vit qu'elle courait risque de souffrir toute sa vie cette sorte d'incommodité, à laquelle sont sujets ceux qui manquent du courage nécessaire pour s'en tirer, prit une résolution digne de sa fermeté ; et, comme ce mal était grand plutôt par la douleur que l'opération lui devait faire souffrir que par la nature dont il était, il cacha ce qu'il avait résolu de faire, comme il fait de toutes les choses qu'il juge à propos de tenir secrètes. Il savait l'inquiétude que donnerait le mal qu'il devait endurer, et ne doutait point que la crainte de quelque accident et l'amour qu'on a pour lui ne fissent trouver des raisons pour l'en détourner. Mais ce prince voulait souffrir, afin d'être plus en état de travailler sans cesse pour le bien et pour le repos de ses sujets ; et pour éviter les contestations qui se pour-raient former là-dessus, il aima mieux se charger de toute la douleur que de jouir du soulagement d'être plaint, ce qui console beaucoup ceux qui souffrent. D'ailleurs, il savait que ce bruit, venant à se répandre, aurait jeté de la crainte et de l'abattement dans tous les cœurs, et qu'il rendrait incapables d'agir tous ceux qui étaient occupés pour les affaires de l'Etat, et il voulait endurer seul, sans que l'Etat en souffrît un seul moment. Ainsi ayant pris sa résolution, il travailla à la faire exécuter sans que l'on s'en aperçût. Comme jamais prince ne sut régner sur lui-même avec tant d'empire, il en vint à bout sans peine. Il se purgea deux fois à Fontainebleau, parce que venant ensuite à Versailles, ce changement de lieu devait ôter l'idée qu'on aurait pu prendre, s'il avait été possible qu'on eût soupçonné quelque chose de son dessein. Il monta à cheval le dimanche 17 de ce mois, soupa ce jour-là avec la famille royale, et s'informa de Monseigneur où était le rendez-vous de chasse le lendemain. On connut le jour suivant, que ce prince, quoiqu'il dût alors sentir les premières atteintes de la peur que lui pouvait causer l'opération, avait demandé ce rendez-vous d'une ame tranquille, afin que s'il arrivait quelque accident, il pût en faire avertir Monseigneur. On a même remarqué qu'il se coucha se soir-là plus tard qu'à l'ordinaire. Il marqua pour le lundi 18, l'heure de son lever, où la plus grande partie de la cour se trouve ordinairement. Il avait pris la sienne plus matin pour l'opération. Ceux qui devaient y travailler, ou dont la présence était nécessaire, entrèrent par différents endroits, ce qui empêcha qu'on n'en eût aucun soupçon. Quoique je ne fasse point ici le détail du reste, je puis vous dire qu'il s'y passa mille choses dignes de l'inébranlable fermeté du roi. Il voulut voir tout ce qui devait le faire souffrir et ne fit que sourire au lieu d'en paraître étonné. Il fit ensuite ce qu'un prince aussi chrétien que lui doit faire en de pareilles occasions et souffrit patiemment, étant toujours dans l'état d'un homme libre et qui est assuré d'être maître de sa douleur. Aucun cri ne lui échappa, et loin de témoigner de la crainte, il demanda si on ne l'avait point épargné, parce qu'il avait recommandé sur toutes choses de ne le pas faire. Sitôt qu'on eut achevé l'opération, la porte fut ouverte à ce qu'on appelle la première entrée, c'est-à-dire aux personnes qui ont droit d'entrer les premières au lever. Les autres n'entrèrent pas, parce qu'il n'y eut point de lever.

Le bruit de cette opération s'étant répandu dans Versailles, comme on s'imagine toujours voir les maux que l'on craint, quand même ils ne seraient point à craindre, la douleur parut sur tous les visages, et l'on eût dit, à voir le roi, que ce monarque était le seul qui se portait bien. Ayant remarqué qu'on ne faisait aucun bruit, il ordonna que toutes choses se fissent à l'ordinaire, tint conseil dès le jour même, et permit dès le lendemain aux ministres étrangers de le saluer. Quoique de semblables maux aient accoutumé de causer un peu de fièvre, sans pourtant qu'il y ait sujet d'en appréhender aucune suite fâcheuse, il semble que le ciel, pour ne nous pas alarmer, n'ait pas voulu qu'il en eût le moindre ressentiment. »

A ces détails, *Dangeau* ajoute : « Dès que l'opération fut faite, le roi l'envoya dire à Monseigneur, qui était à la chasse, à madame la Dauphine, dès qu'elle fut éveillée, à Monsieur et à Madame, qui étaient à Paris, et à M. le Prince et à M. le Duc, qui étaient à Fontainebleau, auprès de madame la duchesse de Bourbon, leur défendant de venir. Dès l'après-dîner, le roi tint son conseil ; il vit beaucoup de courtisans, et voulut qu'il y eût appartement et que l'on commençât le grand jeu de reversi qu'il avait ordonné à Fontainebleau. Madame de Montespan partit en diligence pour venir trouver le roi ; mais ayant appris à Essone que le roi se portrait très bien, elle retourna auprès de madame de Bourbon. Monseigneur, apprenant la nouvelle, quitta la chasse et revint ici à toute bride et en pleurant. »

Dans son journal, Dangeau nous a conservé jour par jour l'état du roi après son opération. L'on y voit que les premiers jours se passèrent fort bien. Les pansements se faisaient avec régularité, et le malade n'en éprouvait aucune douleur, tout enfin semblait annoncer une guérison solide et prompte ; mais, soit que l'on se fût trop vite empressé de diminuer la grosseur de la mèche, soit pour tout autre motif, l'on s'aperçut, le quinzième jour, qu'une partie des bords s'étaient cicatrisés avant le fond, et que la fistule menaçait de reparaître de nouveau. Le 6 décembre, l'on chercha à détruire, par quelques légers coups de ciseaux, cette cicatrisation trop rapide, mais sans obtenir le résultat désiré. Enfin, le lundi 7 décembre, c'est-à-dire vingt-un jours après la première opération, l'on fut obligé de détruire la nouvelle cicatrice, à l'aide de plusieurs incisions, et de mettre à nu le fond de la fistule.

Le roi supporta cette seconde opération avec beaucoup de courage, mais il paraît qu'elle fut extrêmement douloureuse, car pendant plusieurs jours il renvoya son conseil, ce qui n'était pas arrivé la première fois. Quoi qu'il en soit, de ce moment, la cicatrisation marcha avec régularité ; et, le samedi 11 janvier 1687, cinquante-quatre jours après l'opération, et trente-trois après les dernières incisions, le roi fut assez bien guéri pour sortir à pied de ses appartements et se promener pendant fort long-temps dans l'Orangerie.

Louis XIV venait d'être débarrassé d'une grave infirmité, grâce à l'habileté de son chirurgien. Mais si le service était grand, la récompense fut royale. Félix, qui resta toujours chéri de son souverain, reçut cinquante mille écus et la terre *des Moulineaux*, estimée à la même somme; Daquin, le premier médecin, cent mille livres; Fagon, quatre-vingt mille livres; les quatre apothicaires, chacun douze mille livres, et Leraye, l'élève de Félix, quatre cents pistoles; ce qui forme un total de cinq cent soixante-douze mille livres, qui, comparé à la valeur actuelle de l'argent, représente presque un million ! !!

La réussite de l'opération qui venait d'être pratiquée à Louis XIV, en mettant le comble à la réputation de Félix, mit aussi à la mode son procédé; et il fut facile de constater immédiatement son efficacité, car depuis l'opération faite au roi, il semblait que tout le monde fût attaqué de la fistule. « C'est une maladie, dit Dionis, qui est devenue à la mode depuis celle du roi. Plusieurs de ceux qui la cachaient avec soin avant ce temps n'ont plus eu honte de la rendre publique ; il y a eu même des courtisans qui ont choisi Versailles pour se soumettre à cette opération, parce que le roi s'informait de toutes les circonstances de cette maladie. Ceux qui avaient quelque petit suintement ou de simples hémorroïdes ne différaient pas à présenter eur derrière au chirurgien pour y faire des incisions ; j'en ai vu plus de trente qui voulaient qu'on leur fît l'opération, et dont la folie était si grande, qu'ils paraissaient fâchés lorsqu'on les assurait qu'il n'y avait point nécessité de la faire. »

Tel est le récit de cette grande opération de Louis XIV. Ainsi, grâce à l'heureuse tentative de Félix, la méthode de l'incision a été remise en honneur, et par suite des travaux de la chirurgie moderne, ce mode opératoire, qui est le plus généralement suivi, est de-

venu d'une telle simplicité, qu'il n'est pas nécessaire
d'être le premier chirurgien d'un roi pour le pratiquer
avec succès.

———

Cette Notice était depuis long-temps terminée, et la
lecture en avait été faite à la section de médecine de
la Société, lorsqu'un heureux hasard me fit rencontrer
dans les manuscrits français de la Bibliothèque natio-
nale deux volumes intitulés : *Journal de la Santé du
Roi* (Louis XIV). Ce Journal commence à l'année 1647
et se termine en 1710. Il est écrit tout entier de la main
de *Vallot*, de *Daquin* et de *Fagon*, les trois médecins
auxquels fut confiée la santé du roi pendant ce long
espace de temps. Rien n'est plus intéressant que la lecture de ce manuscrit, véritable journal d'observations
cliniques recueillies au lit du grand roi par les trois
plus célèbres médecins de cette époque. L'on voit là
Louis XIV sous un tout autre point de vue que celui
sous lequel on est accoutumé à le considérer ; ce n'est
plus l'orgueilleux potentat habitué à faire trembler
le monde, ni le brillant héros dont chacune des beautés
de la cour cherche à fixer les regards : c'est d'abord un
jeune homme valétudinaire, atteint successivement de
maladies fort graves, — petite vérole, — rougeole, —
fluxion de poitrine ; — puis un homme toujours souf-
frant, condamné à un régime sévère et obligé de sup-
porter de graves opérations, — fistule à l'anus, — an-
thrax au col ; — et, pour terminer, un vieillard poda-
gre, continuellement tourmenté par la gravelle, et
dont la gangrène vient enfin terminer l'existence.

Combien, en parcourant les pages de cet attachant
recueil, n'ai-je pas regretté que quelque savant an-

notateur, ami de la littérature médicale, n'en ait pas encore fait jouir le public.

L'on doit penser que la grande opération du roi n'y est point oubliée. Le récit en est fait par Daquin, alors premier médecin. Ce récit, que je vais faire connaître, ne nous apprend rien de nouveau quant à l'opération ; Daquin était médecin, et, à ce titre, il entre peu dans les détails opératoires qui étaient du ressort de la chirurgie ; mais il s'étend longuement sur l'apparition du premier abcès, et particulièrement sur la partie médicale, qui le regardait spécialement ; et, sous ce rapport, sa narration est le complément indispensable de la partie chirurgicale de l'opération, que je viens de raconter. Voici le récit de Daquin :

« Remarques pour l'année 1686.

« Cette bonne santé dont le roi semblait jouir sur la fin de l'année dernière ne fut pas d'une longue durée, et servit de prélude à la plus fâcheuse et la plus pernicieuse de toutes les incommodités, qui ne nous donna pas moins de peines et de soins durant toute l'année qu'elle donna à S. M. même de chagrin et d'inquiétude. Elle se plaignit, au 15 janvier, d'une petite tumeur devers le périnée, à côté du raphée, deux travers de doigt de l'anus, assez profonde, peu sensible au toucher, sans douleur, ni rougeur, ni pulsation ; se portant fort bien, du reste, et n'étant empêchée d'aucune de ses fonctions naturelles, ni même de monter à cheval. Cependant, cette tumeur, petit à petit, parut s'endurcir et s'accroître, et, le 31 janvier, elle nous parut assez considérable pour presser le roi d'y faire quelques remèdes pour tâcher à la résoudre s'il était possible. S. M. s'y résolut, et, le 5 de février, on lui ap-

pliqua des cataplasmes faits avec les farines d'orobe, de
fèves, de seigle, d'orge, de graines de lin, bouillies
dans l'oxicrat, et renouvelées sur le mal toutes les cinq
à six heures ; et le roi garda le lit quelques jours, ap-
pliquant sur la tumeur un emplâtre de céruse cuite et
de ciguë. Les douleurs se rendirent plus considérables
le 16 de février, et telles que le roi, ayant peine à mar-
cher, se mit au lit. La tumeur n'augmenta pas sensi-
blement, mais la peau rougit tant soit peu et la matière
semblait tourner à la suppuration; ce qui nous obligea,
pour suivre les intentions de la nature, de mettre sur
l'endroit qui paraissait tant soit peu s'élever un plu-
masseau enduit de suppuratif, et par-dessus un emplâtre de *Manus Dei,* ce qui ne fut pas inutile, puisque, le
18, la tumeur commença à se ramollir et les douleurs
à augmenter, comme elles ont coutume de faire dans
les suppurations. L'on ne put point se défendre, dans
cette conjoncture, d'écouter les louanges d'une toile -
Gaultier, ou Sparadrap de M.me de la Daubière, qui
se fit chez les apothicaires du roi, sur son ordonnance,
avec demi-livre de gomme Elémi et de thérébentine
cuite dans l'eau de plantin, avec huit onces de cire
jaune et une once et demie de baume Liquidambar,
ou, à son défaut, de baume du Pérou. Et l'on ne put
refuser aux instances des courtisans de mettre ce remède, qui, n'ayant pas répondu aux prompts miracles
que l'on s'en était promis, et n'étant pas, d'ailleurs,
un remède de grande efficace ni d'un prompt soulagement, comme l'on demande à la cour, on le changea
pour retourner au suppuratif, à la faveur duquel, sur
le soir du 19, l'abcès s'ouvrit, et toute la nuit ce qu'il
y avait de matière plus cuite et suppurée se vida, et
comme il en restait une portion assez considérable de

dure et qui n'avait pu se cuire ni se réduire à une parfaite maturité, le 20, l'on y appliqua une traînée de
de cautéres, mêlés avec le suppuratif ; et ce ne fut pas
sans fruit, puisque, par ce moyen, la peau s'ouvrit davantage et donna issue à une matière plus épaisse et
plus grossière, qui s'écoula tout le jour et toute la nuit
et diminua la tumeur considérablement. Le 21, la
goutte attaqua le pied droit avec rougeur, tumeur et
chaleur, et fut assez considérable pour empêcher le roi
de dormir et de mettre le pied à terre. Le 22, le roi se
plaignit de lassitudes partout le corps et de quelque
mal de tête, mais sans aucune fièvre ni émotion. Cependant, la peau de son ulcère se resserrait, en telle
sorte qu'il ne s'en écoulait rien que quelque sérosité
crue, rougeâtre et sanguinolente, et le roi passa fort
bien la nuit ; et, comme il convenait d'ouvrir cet abcès
pour le guérir à fond s'il était possible, l'on appliqua,
le 23, sur la tumeur, deux grosses pierres à cautéres,
et, l'escarrhe étant faite, on l'ouvrit avec la lancette,
et il en sortit quelque matière purulente. Puis l'on
pansa la plaie avec des suppuratifs et l'emplâtre de
Manus Dei. La goutte devint douloureuse toute la nuit,
et le roi la passa avec inquiétude. Le 25, comme la
tumeur était fort dure, pour la fondre et ramollir davantage, on y mit le Baume-Verd, et l'on y introduisit
une tente. Il dormit plus tranquillement, et la goutte
commença à se calmer. Le 26, il souffrait le pied à
terre. Le 27, le pus de l'ulcère parut un peu plus cuit
et plus épais, et on le fomentait par-dessus le panse-
ment avec des compresses trempées dans une décoction
d'absinthe, de roses de Provins, écorce de grenade,
feuilles de myrthe bouillies dans du vin rouge ; et l'ulcère paraissant détergé, l'on cessa l'usage du Baume-

Verd le 28 du mois et l'on commença les injections avec l'Eau Vulnéraire. Cependant, la goutte passa du pied droit au pied gauche, et revint tout-à-coup attaquer le pied droit. Le 2 mars, pour fondre plus puissamment la dureté de la tumeur, qui avait peine à se fondre, on quitta l'Eau Vulnéraire, qui semblait trop sécher et endurcir, et l'on se servit de Précipité rouge, dont on mêla une drachme sur demi-once de suppuratif, et l'on jeta du fondant tout seul dans la plaie, dont l'acrimonie rendit la nuit mauvaise et le sommeil plus inquiet. La goutte se rendit un peu plus considérable, et le 8, elle cessa entièrement. Cependant, l'ulcère devenait souvent douloureux et laissait écouler des sérosités par un petit *sinus* tirant du côté du fondement, dont l'on n'avait pas bien vu le fond, ce qui obligea à le découvrir dans toute son étendue ; et, pour cet effet, l'on appliqua encore quelques pierres à cautère à côté du raphée, tirant au fondement ; et même l'on découvrit avec la pierre infernale une petite dureté qui se prolongeait du milieu de l'ulcère au côté droit, jusque au-delà du raphée, au côté gauche transversalement ; et l'escarrhe du cautère ayant été ouverte avec la lancette, l'on sonda le sinus, qui parut profond de quatre travers de doigt ; et ayant introduit le doigt dans le fondement, il parut aux chirurgiens sain, point dépouillé, point percé et bien garni de ses chairs ; et l'on fit injection dans le sinus avec le Baume-Verd, dont le roi ressentit une douleur fort piquante et une envie continuelle et irritation d'aller à la selle ; ce qui obligea de cesser ce remède et se contenter du simple suppuratif, les déjections étant déjà glaireuses et sanglantes, comme elles ont coutume d'être dans les irritations, et tout se calma par la cessation de ce remède, au lieu duquel on fit

injection avec l'huile de Myrrhe et l'huile d'œuf, aprés
laquelle on pansait le sinus avec le digestif, dans lequel on mêlait la cinquième partie de Précipité rouge
et une tente assez grosse, dont le roi ressentait souvent
de cuisantes douleurs ; et le 17 du mois, l'on resonda le
sinus, qui parut se remplir de chairs et diminuer de
profondeur ; le pus étant assez épais et cuit, et le doigt
étant introduit dans le fondement, il parut, par le rapport des chirurgiens, ferme, solide et de bonne ha-
bitude ; et pour rendre les chairs qui revenaient dans le
sinus, plus solides, l'on commença à faire les injections
d'Eau Vulnéraire, qui, néanmoins, de temps en temps,
devenaient si sensibles que le roi en avait les nuits
moins tranquilles, et l'on était obligé de les cesser pour
quelque temps. Le 24, la guérison de l'ulcère semblant
s'avancer fort, nous prîmes résolution de purger S. M.,
qui se trouva fatiguée sur le soir de langueurs, bâille-
ments et vapeurs, ce qui fut exécuté très heureusement
le 25 du mois de mars par son bouillon purgatif, dont
il vida douze fois beaucoup de bile et d'excréments ; et
le 3 du mois d'avril, le même bouillon purgatif fut
réitéré non moins heureusement. Et le mal semblait
quasi fermé et entièrement guéri, de sorte qu'à peine
il y avait lieu d'y introduire une tente.

Le roi se trouvant en cet état douteux et n'ayant
plus de douleur au pied, fut se promener en carrosse.
Le soir il sortit un peu de pus, les chairs parurent mol-
lasses et l'on y introduisit aisément une sonde, après
quoi pour sécher plus puissamment et rendre les chairs
meilleures, l'on fit des injections avec l'eau phagéde-
nique tempérée. L'ulcère en parut un peu plus douloureux et le pus augmenté et toutes les injections que
l'on faisait ne sortant pas entières, ce qui entretenait

fort nos craintes et nos appréhensions. Cependant le 15, l'on eut peine à faire injection et l'on se contenta de fomenter la plaie, d'où il ne sortait quasi rien. Les chairs du dedans parurent un peu dures et tuméfiées, et la guérison ne s'achevait pas, quelques soins que l'on y apportât, et quelque régime qu'observât S. M.

Les 1.er, 2, 3 et 4 de mai, l'on ajouta à l'injection un peu de Teinture de Myrrhe et d'Aloës, que l'on ôta le cinquième, parce qu'il paraissait que ce remède desséchait trop, et le septième on ôta entièrement la tente.

Le 13 le roi fut purgé neuf fois de beaucoup de glaires et de bile, et le 24, il semblait que l'ulcère fût entièrement cicatrisé. Le 16, l'on lava la plaie avec le seul esprit de vin, sans aucune douleur. Cependant ce remède attira assez de pus, et le 17, la matière parut puante, et l'injection ne revint quasi pas; ce qui nous donna de grands soupçons que le boyau était percé; l'ulcère paraissant tantôt guéri et tantôt se rouvrant et vidant de la matière, et pour nous en éclaircir plus clairement, l'on prépara une décoction de mille-pertuis fort rouge, dont on fit injection le 21, laquelle passa toute dans l'intestin, et le roi s'étant mis sur la chaise la rendit entière dans le bassin; et le roi voulant s'éclaircir davantage du lieu où était percé l'intestin, il se fit introduire la sonde de la main gauche et de la main droite le doigt introduit dans l'intestin rencontra le bout de la sonde à la hauteur environ de deux ou trois travers de doigt. Il sortit un peu de pus et de sang et les parties voisines, par l'irritation, se tuméfièrent; et le roi, pour tenter ce que pourraient faire les potions vulnéraires, il en prit durant quelques jours, faites avec la véronique, bugle, sanicle, perven-

che, pyrole, environ une once, infusées dans deux livres d'eau et bouillies jusques à la consomption de la
troisième partie, dont la dose tous les matins était
d'environ huit onces.

Le 27, le roi commença à monter à cheval, et sans
aucune incommodité.

Le 5 juin, il cessa l'usage des eaux vulnéraires qui
ont paru assez inutiles et dont il trouvait son estomac
chargé et la tête un peu pleine de vapeurs. Le 17, S.
M. fut purgée de beaucoup de bile, de glaires et
d'excréments. Il parut se bien porter ; l'ulcère ne lui
faisant pas grand mal et vidant très peu de chose. Le
6 août, le roi se réveilla à trois heures du matin, cla-
quetant des dents, avec douleur de tête, lassitude partout le corps et un abattement considérable, non sans
quelque peu de fièvre. Il reposa néanmoins et sembla
se porter assez bien le matin et se contenta de se reposer et se mettre au régime. Il passa la nuit suivante
assez bien, et à son réveil il prit un petit lavement qui
à son ordinaire tira fort peu de choses ; il garda le lit
pour se reposer et quoiqu'il eût bien de l'appétit, il
s'abstint néanmoins de manger de la viande. Le hui-
tième le roi se portait bien et son ventre alla naturellement ; mais sur les dix heures du soir, l'accès le re-
prit avec un léger froid et il eut la fièvre toute la nuit ;
douleur de tête, inquiétude, agitation considérable,
qui cessa incontinent après une légère sueur, et la fièvre se termina devers le midi du neuvième. Le 10 et le
11, il se porta bien tout le jour et à huit heures du soir
il trembla partout le corps et les extrémités furent
froides avec grande douleur de tête et inquiétude qui
se calma sur le minuit, et s'endormit environ à une
heure d'un sommeil fort inquiet et agité, et sur les

neuf heures du matin, après avoir sué, il se trouva sans
fièvre. Le 12, il fut saigné, il se porta fort bien tout
le jour et dormit toute la nuit tranquillement, comme
il fit le 13 et le 14 jusque sur les six heures et demie
du soir, qu'il eut une légère horreur et froid aux extrémités et commença à s'échauffer à huit heures et demie
et l'accès parut plus doux que les précédents, et la nuit
plus tranquille, ce qui nous obligea le 15 à huit heures
du matin de lui donner son bouillon purgatif, dont il fut
purgé très heureusement et se porta très bien le 16 et
le 17 jusques à six heures et un quart du soir, qu'il
commença à bâiller, s'étendre, sentir des horreurs partout le corps, froid aux extrémités et même quelque
petite langueur, défaillance et envie de vomir, par la
vapeur mélancolique qui frappait l'orifice supérieur
de l'estomac, ce qui cessa par la chaleur de la fièvre
qui s'alluma médiocrement avec moins de soif qu'à
l'ordinaire et nous parut entièrement terminée à une
heure après minuit. Le 18 et le 19, il se porta assez
bien, mais avec un peu moins d'appétit, et le 20 sur
les quatre heures après midi, il commença à frisson-
ner jusques à six, et la chaleur s'alluma fort vive, avec
soif et inquiétude toute la nuit, ce qui me fit déterminer le roi d'arrêter le cours de cette fièvre, qui aug-
mentait si violemment dans le sixième accès, qu'elle
nous ôtait toute espérance de la voir finir sitôt ; et pour
cet effet, le 22 à neuf heures, je lui fis prendre son
bouillon purgatif duquel il vida beaucoup de matières
épaisses, brûlées, bilieuses et glaireuses, et à huit heures du soir il commença l'usage du *china-china,* que
j'avais fait préparer tout prêt pour l'occasion, avec une
once d'écorce de la racine de *china* bien pulvérisée et
mise en infusion dans une pinte de bon vin de Bourgo-

gne, le remuant plusieurs fois avec un bâton, devant les premières vingt-quatre heures, puis le laissant bien reposer et le tirant par inclination doucement, sans remuer le fonds, afin qu'il soit fort clair. Je lui en fis prendre quatre à cinq onces pour dose, de quatre en quatre heures, tant le jour que la nuit, afin qu'il eût le temps d'en prendre une assez forte dose pour empêcher le retour des premiers accès ; ce qui réussit si heureusement que, quoique le 22 et 23, il fût fort languissant et si l'on le peut dire, toujours *plein des vapeurs de vin*, la fièvre cessa entièrement. J'observai de le faire toujours manger, deux heures après son *china-china*, et le plus conformément à sa manière de vivre ordinaire, ne lui donnant qu'un peu de biscuit trempé dans le vin et eau; le matin son potage, à midi et le soir un peu de viande, quelquefois des œufs brouillés et toujours après chaque prise, pour ôter le mauvais le goût, un peu de pâte de groseille, écorce d'orange de Portugal et quelque chose de semblable. S. M. continua l'usage de ce fébrifuge, mais il n'en prit que quatre fois le jour. L'on ne le réveillait plus la nuit pour en prendre et il n'était plus si faible, dormant bien et avec tranquillité; il continua cette dose huit jours de suite, et le 1.er septembre il commença à n'en prendre plus que trois fois, ce qu'il continua jusques au premier jour d'octobre. Durant tout ce temps les forces et le bon visage revenaient au roi. Son ulcère rendait peu de chose et il allait à cheval assez long-temps sans beaucoup d'incommodité, si ce n'est quelquefois qu'il se faisait quelques petits culs-de-poule à l'entrée de la fistule, qui se gonflait lorsqu'il y avait quelque peu de matière retenue, sans que cela l'empêchât d'aller à la chasse. On fut quelque temps à les toucher avec un pinceau trempé dans l'huile de gayac, préparé par les apothicaires et non celui de cerf. Le cul-de-poule se consomma peu à peu; mais il revint ensuite et le roi qui avait résolu aussitôt son retour de Fontainebleau de se faire faire l'opération, comme le seul et unique remède pour guérir, il cessa d'en faire aucun autre, comme inutiles ou de peu de vertu. Le 2 octobre il eut un peu de goutte qui passa en très peu de temps, et le 3 octobre il commença à ne prendre que deux fois par jour de son fébrifuge, ce qu'il continua jusqu'au 15, se portant parfaitement bien et n'ayant pas ressenti le moindre mouvement de la fièvre depuis l'usage de ce remède. Le 4 novembre il fut heureusement purgé de son bouillon, et de peur que quelques restes de l'humeur qui avait causé la fièvre ne se réveillât et par le purgatif; il prit du fébrifuge à sept heures du soir et à minuit, et trois jours ensuite, il en prit quatre fois.

Le 18 novembre étant revenu à Versailles, le roi résolu depuis long-temps à se faire faire l'opération, pour guérir de sa fistule, sans en avertir personne que ceux qui étaient nécessaires pour une affaire d'une aussi grande importance; sur les huit heures du matin, M. Félix, en présence de M. le marquis de Louvois, de moi et de M. Fagon, secouru de M. Bessières, introduisit une sonde au bout d'un bistouri fait exprès, tout le long de la fistule jusque dans le boyau, qu'il joignit avec le doigt de la main droite et le retirant en bas, ouvrit la fistule avec assez de facilité, et ayant ensuite introduit les ciseaux dans le fondement, dans la plaie, il coupa l'intestin un peu au-dessus de l'ouverture et coupa toutes les brides qui se trouvèrent dans l'intestin; ce que le roi soutint avec toute la constance possible. Une heure après l'opération, il fut saigné du

bras et vécut dans un régime fort exact , s'abstenant
de tous aliments solides , à la réserve d'une légère
soupe de pain dans son bouillon le matin et le soir ;
cela n'empêcha pas que la goutte n'attaquât le pied
gauche du roi, à l'orteil, avec assez de rougeur et de
douleur, et toutes choses allant fort bien sans fièvre,
sans dévoiement, ni aucun autre accident. Lorsque le
temps de la suppuration fut passé, c'est-à-dire après le
14, je commençai à donner au roi un peu de pigeon
dans son potage, ou chapon bouilli et du poulet gras
rôti, et le soir des œufs brouillés dans du bouillon.

« Cependant, soit par la nature du mal, soit par l'u-
sage fréquent du cheval que le roi avait fait depuis sa
fistule, l'on trouva beaucoup de peine à faire fondre et
suppurer les corps calleux qui se trouvèrent tout le long
de ce canal et dans le fond de l'ulcère, qui ne deman-
dait d'ailleurs qu'à se remplir de chairs et se cicatriser ;
et comme les suppuratifs, ni le fondant, ou mercure
précipité rouge, n'en pouvaient venir à bout, le 9 décembre et le vingt-deuxième de l'opération, l'on coupa
ce corps dur et calleux tout en travers par le milieu, et
même assez utilement, puisque, dans le 27 du mois, la
plaie se trouva quasi remplie et la cicatrice faite, en
telle sorte que l'on ôta les onguents et les emplâtres,
pour ne se servir que de l'eau vulnéraire et de simple
charpie appliquée par-dessus. Et d'autant qu'il restait
toujours quelque scrupule de quelque dureté dans le
fond, proche l'anus, qui pourrait être un empêchement
à une guérison complète et assurée, le 1.er janvier
1687, on scarifia assez profondément cette partie cal-
leuse, et l'on y répandit par-dessus les scarifications de
la poudre de précipité, qui fit une escarrhe assez profonde et douloureuse, que l'on fit tomber doucement

avec le suppuratif. Le 2 janvier, à la partie extérieure, il paraissait de petites peaux mortes et endurcies au bord de la plaie et une légère éminence devers le ra- phée ; on les coupa doucement avec le ciseau et on les toucha ensuite avec la pierre infernale pour en empê- cher la régénération.

« Le 7 janvier, quoique la guérison parût bien com- plète et achevée, l'inquiétude n'étant pas satisfaite en- tièrement sur cette callosité du fond, qui pouvait bien être une bonne cicatrice, on résolut le roi de se faire encore une fois scarifier avec la lancette et le ciseau, ce qui fut fait assez profondément, et l'on y porta de la poudre escharrotique, faite de précipité rouge et d'a- lun mis en poudre et mêlés à égales parties. Ce remède fit des douleurs assez considérables, dont le roi se plai- gnit beaucoup, et il sortit beaucoup de sang de la plaie, et eut même quelque difficulté d'uriner, et l'on ne mit dans sa plaie, pour en éteindre le feu et la chaleur, que de simple eau d'orge. La nuit en fut fort inquiète, et toute cette tribulation fit résoudre MM. les chirurgiens à laisser entièrement fermer la plaie ; et la suppuration ayant fait tomber les escarrhes, la cicatrice fut entiè- rement refermée, bonne et solide dans le 14 du mois ; et le 15 le roi fut purgé très heureusement et se servit encore durant quatre jours du *china-china*. Depuis ce temps, la santé du roi se confirma de jour à autre, et la cicatrice de sa plaie se rendit insensiblement meil- leure et plus solide, et, depuis ce temps, le roi n'en a souffert aucun mal, et il n'est jamais rien suinté de sa plaie. Et d'autant que, dans une guérison si parfaite, il me restait quelque scrupule de l'humeur qui se vi- dait insensiblement par la fistule et qui, ne trouvan plus cet égout, pourrait se porter sur les parties intérieures et y former quelque dépôt plus fâcheux que le mal que l'on venait de guérir, je priai S. M. de considérer que le seul moyen de se défendre de ce péril était de se purger souvent et d'emporter l'humeur superflue des veines par les voies naturelles ; à quoi le roi consentit volontiers, et, pour y satisfaire, il fut purgé le 10 février fort heureusement et jouissant d'une parfaite santé. Le 18, il eut un peu de goutte qui s'apaisa incessamment, et, s'étant abstenu fort sagement de monter à cheval jusqu'à ce temps, par l'avis de tous ces Messieurs et le mien, il commença à le faire le 15 mars et l'a toujours continué depuis, sans en avoir jamais ressenti aucune incommodité.

« Le 17, il réitéra sa purgation à l'ordinaire et commença à prendre dès le soir deux prises de *china-china*, le lendemain 18 quatre, le 19 et le 20 trois, observant cette conduite plus régulière à cause de l'équinoxe, où les restes de fièvres intermittentes se réveillent aisément quand il y en a. Mais il n'en est pas moins bien guéri de cette fâcheuse fièvre qu'il l'a été de sa fistule, qui l'a exercé si amèrement une année tout entière, depuis le 15 janvier 1686 jusqu'au 15 janvier 1687. »

RÉFLEXIONS.

Il est assez difficile de bien connaître la cause de la tumeur dure et glanduleuse qui est survenue à S. M., et qui a donné naissance à cette fâcheuse fistule qui a duré tout un an et qui n'a cédé qu'au fer et au feu. Jamais le roi ne s'est plaint d'aucune hémorroïde, et il est cependant très difficile de se figurer que cette tumeur ait pu se former à l'endroit du périnée, où elle a paru à deux doigts du fondement, sans concevoir quelque rameau hémorroïdal qui en ait porté et déposé la matière en cet endroit, à deux bons travers de doigt du fondement et des bourses. Cette tumeur n'a jamais été douloureuse et a eu sa naissance et son progrès sans aucune rougeur ni inflammation. Elle n'a suppuré qu'avec peine; l'on n'a jamais pu en rien résoudre, et sa meilleure partie s'est endurcie et rendue squirrheuse, ce qui fait voir une tumeur d'humeur mélancolique, *crue,* froide et indigeste, et telle que sont celles qui ont coutume de former les squirrhes; et d'autant qu'elle paraissait par son indolence avoir peu de sel et d'acrimonie, et que d'ailleurs on ne lui a pas laissé faire un grand séjour, puisque, peu de jours après avoir paru, la tumeur fut ouverte. *Il est difficile de concevoir de quelle manière le boyau a pu être percé; et, pour n'en faire aucun jugement douteux,* il vaut mieux croire qu'il l'a été avant que la tumeur ait paru et que le vaisseau chargé de l'humeur qui l'a produite, venant du dedans de l'intestin, s'est trouvé inséré dans les plis de l'anus et en a traversé les membranes jusqu'au milieu du périnée; ce qui fait voir clairement étant de cette nature dès son commencement, qu'il ne faut pas s'étonner que quelques soins et quelque industrie que l'on y ait pu apporter, cette fistule n'ait pu se guérir sans en venir à l'opération du fer et des incisions et au secours du feu et des escarrhotiques, et combien il aurait été inutile d'aller en cette circonstance aux eaux de Barèges qui n'ont jamais guéri une fistule et particulièrement celles qui communiquent dans le boyau percé. Le voyage néanmoins avait été résolu et j'ose dire sans beaucoup de fondement, et j'ai le plaisir d'avoir été le seul à m'y opposer, tant sur ce que je n'ai jamais vu aucun bon effet de la vertu de ces eaux pour

de pareilles guérisons, que je n'en avais vu aucune expérience et que ma raison ne me le pouvait persuader;
sur quoi le roi touché de mon avis, fit ses réflexions,
assembla un conseil de MM. Fagon, Félix et Bessières,
dans lequel j'eus la satisfaction de les faire revenir à
mon avis, et le roi, très heureusement pour lui, rom-
pit son voyage, sans lequel par sa longueur et par les
excessives chaleurs de la saison, il n'aurait pas couru
un petit péril d'altérer sa santé et de tomber dange-
reusement malade. D'autant plus que le roi souffrait
de grands chagrins de son incommodité, qui l'empêchait de ce qu'il aimait le mieux au monde, c'est-à-
dire de monter à cheval et d'aller à la chasse à son
ordinaire. Et cette mélancolie fut telle qu'elle s'alluma insensiblement et produisit la fièvre quarte, qui
commençait à traiter le roi fort rigoureusement et dont
nous avons arrêté le progrès avec tant de bonheur et
de promptitude.

La callosité qui a tant fait de peine à fondre et à
emporter, dans la guérison du roi lors de l'opération,
et pour laquelle S. M. a tant souffert de tribulations,
outre qu'elle est naturelle aux fistules, et particulièrement à celles qui proviennent d'un abcès d'humeur
crue, indigeste et mélancolique, a été fortifiée considérablement par l'usage du cheval, et sur-tout par
l'abus des tentes et des injections outrées d'eau vulnéraire par trop dessiccative.

DAQUIN. »

Dans les réflexions qui suivent sa narration, Daquin,
qui ne pouvait nier l'habileté avec laquelle Félix avait
fait l'opération, émet cependant un doute assez inju-
rieux pour le chirurgien, sur la manière dont l'intes-

tin a pu être percé ; puis il se vante avec complaisance de s'être opposé au voyage de Barèges, pour lequel Fagon, Félix et Bessières avaient donné un avis favorable. Malheureusement pour lui, Daquin, d'un esprit vaniteux, ne se contentait pas d'écrire ces réflexions dans son journal, il les disait à qui voulait les entendre, et se faisait des ennemis implacables qui ne devaient pas tarder à lui faire payer bien cher ses paroles imprudentes. Depuis long-temps Fagon jouissait d'une faveur presque égale à celle de Daquin. Il était premier médecin de la reine Marie-Thérèse, et depuis la mort de cette princesse on lui avait confié la santé du roi. Il avait sur-tout la confiance de madame de Maintenon, et c'était elle qui avait insisté pour que le roi essayât les eaux de Barèges qui, sur les avis de Fagon, avaient si bien amélioré la santé de son cher élève le duc du Maine.

On peut juger si madame de Maintenon se trouva blessée des propos de Daquin, en apparence dirigés contre Fagon et Félix, mais en réalité s'adressant directement à elle. D'un autre côté, Daquin avait beaucoup d'ambition, non seulement pour lui, mais encore pour les siens, et il avait plus d'une fois lassé le roi par ses importunités et par ses demandes continuelles pour sa famille. On conçoit donc que dans de telles circonstances et malgré toute l'assurance de Daquin, qui croyait avoir acquis assez d'empire sur l'esprit de Louis XIV pour rester toute sa vie son premier médecin, il dut être assez facile de le renverser de cette importante fonction. Depuis plusieurs années, le roi qui se trouvait constamment soit à Versailles, soit à Marly, au milieu de marais qu'il faisait dessécher et de terres remuées, pour l'agrandissement et l'embellissement de ses jardins, était fréquemment atteint de fièvres à types intermittents souvent fort graves; et l'on craignit plus d'une fois quelque fatale terminaison. Madame de Maintenon en était vivement alarmée. Dans ces cas sérieux, elle consultait Fagon, qui attribuait la persistance de la fièvre à la mauvaise forme sous laquelle Daquin administrait au roi le quinquina, ce qui l'empêchait de réussir. Peu à peu l'opinion de Fagon, constamment répétée au roi, et la haute réputation dont il jouissait auprès de tous les courtisans, la lassitude qu'éprouvait Louis XIV des airs de hauteur de Daquin, causèrent enfin sa chûte. Le 2 novembre 1693 M. de Pontchartrain lui porta l'ordre de se retirer, le roi étant mal content de sa conduite, et défense lui fut faite de se présenter devant le roi, ni de lui écrire. La disgrâce était complète.

Fagon fut nommé pour le remplacer, et entra aussitôt en fonction. Le journal de la santé du roi, si régulièrement tenu par ses prédécesseurs Vallot et Daquin, lui fut remis, et il s'empressa d'y consigner ses réflexions sur la constitution du roi, et d'indiquer les causes de sa dissidence d'opinion avec Daquin.

Il commence par expliquer pourquoi, d'après lui, le mode d'administration du quinquina, adopté par son prédécesseur, était mauvais; pourquoi, par conséquent, il ne pouvait parvenir à délivrer le roi de sa fièvre ; et il ne doute pas que celui qu'il se propose d'adopter ne soit d'un effet certain et ne l'en débarrasse immédiatement. On doit dire, sous ce rapport, que la réussite n'en fut pas aussi sûre que Fagon l'espérait. Puis, après ses réflexions sur la manière d'administrer le quinquina, il ajoute :

Remarques pour l'année 1693.

« M. Daquin, dans le récit de ce qui s'est passé pendant la cure de la fistule du roi, a fait quelques remarques, lesquelles me donnent sujet d'ajouter à ces observations sur le quinquina quelques vérités, qui méritent d'occuper ici le reste de la place de l'année 1693, qu'il a négligé de remplir. Il parait surpris que l'intestin du roi se soit trouvé percé, et veut malignement insinuer qu'il aurait été percé par la sonde. Mais il est certain que cela est arrivé par l'effort et l'âcreté de la matière renfermée dans la tumeur après la suppuration ; et sans aller si loin chercher, comme il fait, une branche de veine hémorroïdale, il est aisé de concevoir que cette tumeur a commencé par le froissement de quelques glandes meurtries dans les longues séances que le roi faisait à cheval pour tirer, et que ces glandes contuses, ayant été gorgées d'une sérosité âcre, qui a d'abord formé le commencement de la tumeur, cette sérosité s'est ensuite répandue, et rongeant par son âcreté les veines qu'elle a rencontrées en son chemin, elle a fourni la matière de l'abcès, qui a suppuré, et en se gonflant, comme il arrive naturellement dans la fermentation par laquelle le pus se fait, elle a déchiré les membranes qui s'opposaient à son étendue, et se portant du côté où elle trouvait moins de résistance, elle a d'abord dépouillé le boyau et ensuite s'est glissée vers la peau, et en croissant et s'échauffant de jour en jour, et devenant plus âcre par son séjour, elle a enfin augmenté ses efforts des deux côtés et a percé l'intestin et la peau, qui étaient amincis et qui résistaient également à sa sortie. M. Félix sonda d'abord l'ouverture de la peau avec une sonde très mousse, sans pousser

plus avant que le vide qu'avait laissé la matière écou-
lée, et il ne porta la sonde du côté de l'intestin, en
mettant le doigt dedans, pour aller au devant de sa
sonde, et pour connaître si elle le touchait, qu'après
avoir découvert auparavant des pepins de fraises, et
ensuite des grains de figues et même quelques parcelles
d'excréments, mêlés avec la matière purulente qui
suintait par l'ouverture de la peau. Ces corps étrangers
ne pouvaient sortir par ce chemin sans que le boyau
fût percé, et par conséquent il l'était assurément avant
que la sonde l'eût touché. Comment peut-on donc, sans
mauvaise intention, faire semblant de trouver un sujet
d'incertitude sur un fait aussi évident que celui-là : et,
après tout, que pouvait-on inférer de cette ouverture
de l'intestin et de la manière dont elle s'était faite, qui
pût être de quelque conséquence pour la cure de la
fistule, puisqu'elle ne guérit qu'en coupant l'intestin
dépouillé, et qu'on ne pouvait le couper qu'en le per-
çant?

« M. Daquin reproche aussi à M. Félix et à moi,
comme à M. Bessières, d'avoir été d'avis que le roi fût
à Baréges pour cette fistule et se congratule d'avoir été
d'un autre sentiment, de nous avoir obligés d'en chan-
ger, et d'avoir empêché le roi d'y aller inutilement.
Nous en savions assez tous trois pour ne pas douter que
le moyen sûr, pour guérir une fistule à l'anus, est l'incision quand on la peut faire ; et que les autres moyens
sont incertains ou impossibles. Mais M. Daquin avait
prévenu le roi contre cette opération, et lui avait con-
seillé de ne point permettre qu'on portât le fer à sa fistule, et de *prendre comme lui* le parti de la garder toute
sa vie. N'y ayant point donc d'espérance qu'on pût
traiter le roi, comme il le désirait être pour guérir as-

surément, on pensait à Barèges, comme à un remède douteux, mais qui avait néanmoins guéri Monseigneur le duc du Maine, dont j'avais été témoin, un chanoine d'Auch et un brodeur de Toulouse, que M. Gervais, envoyé à Barèges pour éprouver ces eaux sur plusieurs fistules, avait vu guérir très parfaitement, et plusieurs autres soulagés considérablement. Ces exemples justifiaient nos avis, et nous avions sujet d'espérer que les bains et les injections de ces eaux pourraient au moins fondre les callosités, disposer les chairs à se joindre et disposer la peau à se fermer, et que par ce moyen, la fistule deviendrait borgne, et n'aurait plus d'autre égout que l'ouverture de l'intestin, et serait de cette manière plus supportable. Nous fûmes de cet avis, fondé sur l'expérience et la raison, tant que le roi ne voulut point penser à l'opération ; mais aussi lorsqu'il y fut résolu, nous prîmes avec joie, sans avoir besoin d'être persuadés par M. Daquin, le certain pour l'incertain. Ce fut lui qui changea de sentiment, après avoir dit à tout le monde auparavant qu'il ne souffrirait jamais que le roi s'exposât au péril de cette opération ; et il faut le louer d'avoir employé si à propos le droit qu'il s'était acquis de se dédire lorsque cela lui convenait, sans que cela parût extraordinaire.

« FAGON. »

Cette querelle entre les deux premiers médecins de la cour n'est pas l'un des épisodes les moins curieux de cette célèbre opération, et montre mieux que je ne pourrais le dire tout l'intérêt qu'offre la lecture du précieux manuscrit que le hasard m'a fait rencontrer.

ANALYSE COMPARATIVE

DU

LAIT D'UNE JUMENT

QUI N'A PAS REÇU LES APPROCHES DE L'ÉTALON

AVEC CELUI

D'UNE JUMENT MÈRE.

———————

Messieurs,

Dans la séance du mois de septembre 1851, M. Moser, l'un de nos collègues, fit à la Société la communication suivante :

« Le 20 juillet 1851, je fus demandé, dit-il, pour vi-
« siter une jument qui, sans avoir passé par les différen-
« tes phases de la gestation, à laquelle succède ordinai-
« rement la lactation, donnait du lait en assez grande
« quantité.

« Cette bête, de race percheronne, propre au gros
« trait, sous poil gris-truité, âgée de quinze à seize ans

« employée à un travail peu dur, appartient à **M. Jem**
« Mallet, propriétaire à Jouy.

« Il résultait de mon premier examen que cette bête
« présentait tous les caractères et signes annonçant une
« santé parfaite, et d'ailleurs elle se trouvait dans
« les meilleures conditions d'embonpoint, et il me
« paraissait qu'elle n'avait jamais servi à la reproduc-
« tion.

« Les renseignements que j'ai pu recueillir sont les
« suivants :

« Depuis environ trois semaines ou un mois, l'homme
« chargé de la faire travailler tous les jours, s'est aperçu
« que la jument qui fait l'objet de cette observation
« donnait du lait d'abord en petite quantité ; mais peu à
« peu il y avait eu une augmentation telle, qu'il s'en
« écoulait de quatre à six litres par jour en deux fois. Je
« dois dire en deux fois parce que le conducteur ne le
« voyait que de onze heures à onze heures et demie,
« après la cessation du travail de la première attelée,
« qui avait lieu depuis le lever du soleil jusqu'au repos
« de onze heures. La même déperdition avait lieu le soir
« après le travail de la seconde attelée, et cette déper-
« dition s'opérait absolument de la même manière que
« chez quelques vaches fraîchement vélées , ou bien chez
« d'autres sujets de la même espèce, qui possèdent ce
« grave défaut par vice de conformation.

« Ce lait avait tous les caractères physiques, en appa-
« rence du moins, du lait ordinaire.

« Cette sécrétion, qui me paraît être une anomalie,
« a commencé dans les derniers jours de juin, et lors-
« que j'ai recueilli le lait que j'ai eu l'honneur d'offrir
« à la société de Médecine, cette sécrétion diminuait
« déjà d'une manière très notable, et elle a cessé com-

« plètement dans le courant du mois de septembre.

« Sans modifier ni le travail ni le régime de cette
« bête, le seul traitement qui a été fait, c'est l'admi-
« nistration du nitrate de potasse pendant quelques
« jours. L'emploi du sel de nitre avait lieu trois ou qua-
« tre jours avant d'avoir recueilli le lait que j'ai pré-
« senté. »

Vous avez pensé, Messieurs, que pour compléter cette
intéressante communication de notre collègue, il serait
utile de faire une analyse comparative du lait de cette
jument avec celui d'une jument mère, et vous avez bien
voulu me confier ce travail ; je viens donc aujourd'hui
vous rendre compte des essais analytiques auxquels je me
suis livré.

Ce lait est blanc-jaunâtre, peu épais; sa saveur est al-
caline; il ramène au bleu le papier bleu de tournesol
rougi par les acides; sa pesanteur spécifique est un peu
moindre que celle du lait de jument mère. Examinés au
microscope, les globules des deux laits n'offrent aucune
différence.

Soumis à la fermentation, il répand une odeur putride
et devient très fortement alcalin.

45 Grammes de ce lait ont été évaporés à une douce
chaleur, dans une capsule de porcelaine, et, rapprochés à
siccité, ils ont donné un résidu solide pesant 2 grammes 7
décigrammes. Ce résidu a été soumis à l'action d'un mélange d'éther et d'alcool, et chauffé légèrement. Décantée
et évaporée, la liqueur a laissé dans la capsule une matière
grasse pesant 15 centigrammes. La portion non dissoute
par le mélange d'éther et d'alcool, reprise par l'eau distillée, chauffée et filtrée, a laissé sur le filtre un résidu
solide pulvérulent, coloré très légèrement en jaune paille
qui, desséché, pesait 77 centigrammes. Essayé par la so-

lution de potasse, il s'y dissout et en est précipité par l'acide sulfurique étendu. La portion dissoute dans l'eau, rapprochée à une douce chaleur, a fourni une matière diaphane, luisante, jaunâtre, qui pesait 1 gramme 65 centigrammes.

Cette matière a été divisée en deux parties : l'une d'elles, traitée par l'acide nitrique et légèrement chauffée, ne passe pas au rouge. Plus fortement chauffée, elle se comporte comme les matières animales et s'enflamme comme la gélatine le ferait dans les mêmes circonstances. L'autre portion, traitée par l'eau distillée, s'y dissout entièrement à froid. Sa solution est louche ; elle précipite par l'acide tannique ; l'ammoniaque, le nitrate d'argent, l'oxalate d'ammoniaque la précipitent en blanc. Le nitrate de baryte et le chlorure de platine n'y produisent aucun précipité.

ANALYSE DU LAIT DE JUMENT MÈRE.

Ce lait est blanc-jaunâtre, assez épais. Sa saveur est sucrée, il bleuit faiblement le papier de tournesol rougi par les acides. Abandonné à la fermentation, il devient acide et rougit le papier bleu de tournesol.

45 Grammes de ce lait rapprochés comme le lait précédent, ont donné 5 grammes de résidu qui, traité par le mélange d'éther et d'alcool, n'a donné que 5 centigrammes de matière grasse.

La portion non dissoute par le mélange d'éther et d'alcool, traitée par l'eau distillée et filtrée, a laissé sur le filtre un résidu qui, convenablement desséché, pesait 1 gramme.

La partie dissoute, rapprochée, pesait 3 grammes 8 décigrammes et présentait tous les caractères du sucre de lait.

RÉSUMÉ DES DEUX ANALYSES.

Le lait de la jument non fécondée est composé, sur
45 parties, de :

Eau. . . . . . . , ...	42,30
Beurre.	» 15
Caseum, albumine et sels insolubles. . . .	» 77
Matière ressemblant à la gélatine, et sels so-	
lubles.	1,65
	44,87
Perte.	» 13
	45 »

Le lait de la jument mère est composé, sur 45 grammes, de :

	gr.	c.
Eau.	40	»
Beurre.		05
Caseum, albumine et sels insolubles. . .	1	»
Sucre de lait et sels solubles.	3	80
	44	85
Perte.		15
	45	»

Le lait n.° 1 contient donc une plus grande quantité
de beurre que le lait de jument mère, et, en outre, le
sucre de lait est remplacé par une substance animale se
rapprochant beaucoup de la gélatine, ce qui rend parfaitement compte de la fermentation putride à laquelle
a passé ce lait.

La différence observée entre ces deux laits est un fait
simplement curieux s'il ne se présente que par exception;
mais il prendrait un caractère d'une plus haute impor-

tance s’il était bien établi que le lait de femelles d’animaux, et sur-tout de femmes non fécondées, ne contient pas de sucre de lait. Car en médecine légale, il pourrait servir à éclaircir les questions dans certains cas d’infanticide.

M. Tayon, vétérinaire, m’ayant remis du lait de génisse, je me proposais d’en faire un semblable examen ; mais mes occupations ne m’ont pas permis de le faire immédiatement ; j’ai rapproché ce lait à siccité, et je l’ai ainsi conservé pour me livrer à ce travail dès que cela me sera possible.

VERSAILLES, IMP. DE MONTALANT-BOUGLEUX, 6, AV. DE SCEAUX.

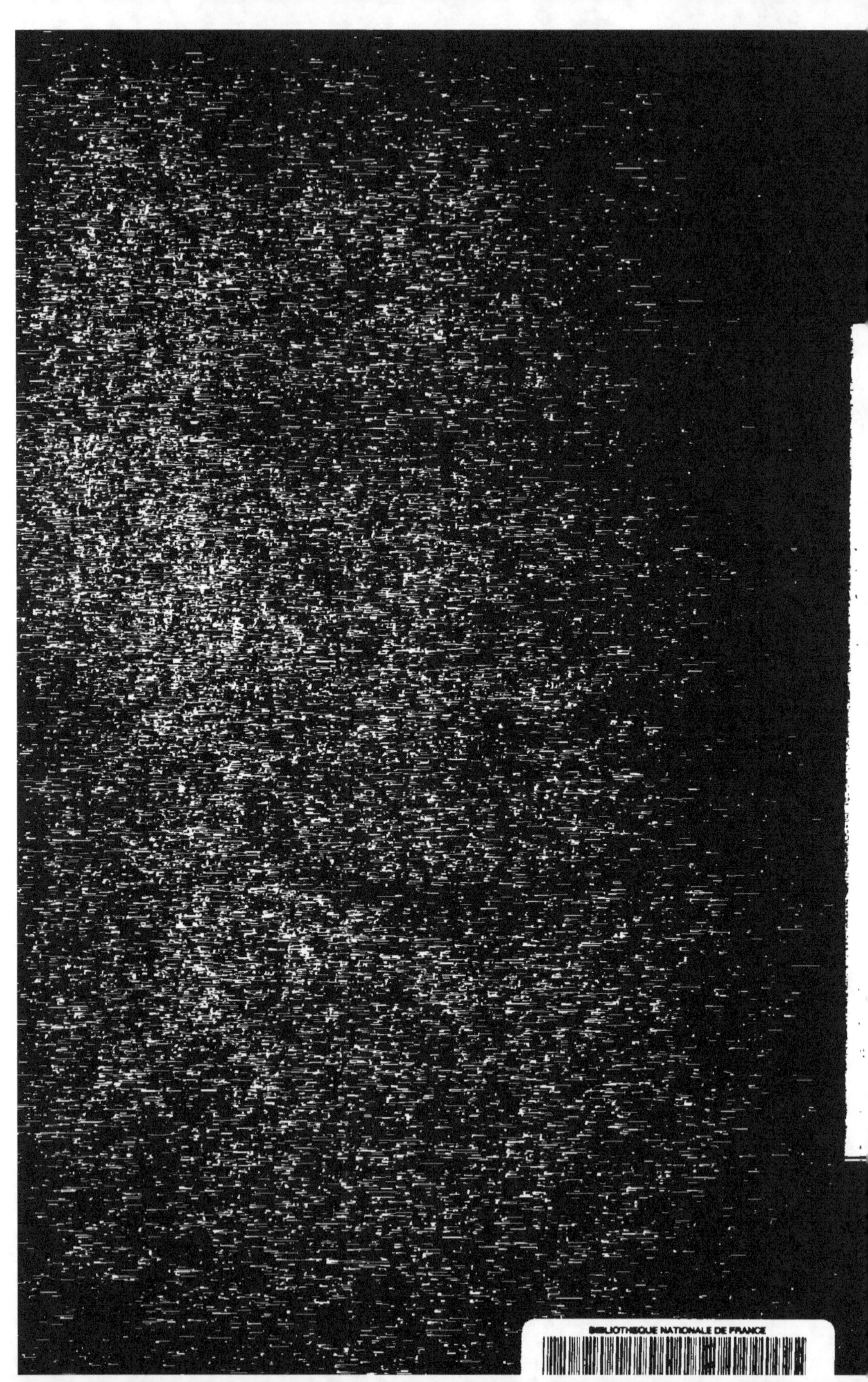